À Célie

Anne Douillet

Equinox

petit cheval de la Grotte ornée du Pont d'Arc, Ardèche

Éditions Dolmazon

Je m’appelle Equinox,
petit cheval de la nuit des temps.

Dessiné par un homme préhistorique
sur la paroi de la grotte, je vais vous raconter
ma très très longue histoire…

*Je suis la petite chauve-souris,
amie d’Equinox. Je m’appelle Noctulette car
j’aime la nuit de la grotte. Je suis allée voleter
dans ses moindres recoins et je décris
à mon ami Equinox figé sur sa paroi,
tous les fabuleux dessins réalisés
par les hommes préhistoriques.*

Avant, je n’existais pas, et tout à coup, me voici !
Un jour (quel jour ?), mon œil de charbon a cligné…

La première image de ma vie,
C’est cette lumière si rouge,
Si chaude, avec une fumée qui bouge...

D’une main sûre et habile, je suis dessiné.
Comme je suis heureux d’exister !

L’artiste recule, pour juger mon portrait,
Éclairant d’un coup un univers insolite !

Je ne savais pas que j’habitais un palais,
Où étincellent stalactites et stalagmites !

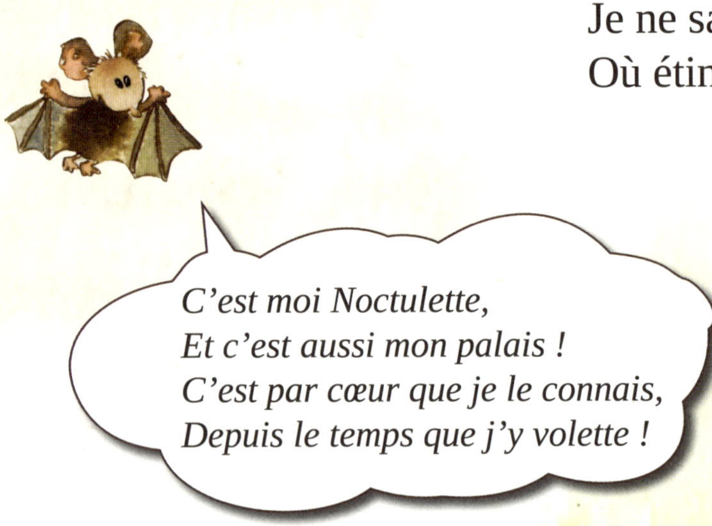

Les stalactites sont des colonnes de calcaire qui tombent du plafond…
… tandis que les stalagmites sont des colonnes de calcaire qui montent du sol.

Non loin, on prépare les charbons de bois
Et l'on retaille les silex d'un geste adroit.

Ma crinière et mes joues sont noircies,
Une main me chatouille, frottant légèrement,
Atténuant mes couleurs ainsi adoucies
Et le silex souligne mes naseaux frémissants.

À la lueur du feu vacillant,
Dans la chaleur qui rougeoie,
J'ai l'impression d'être vivant
Sur ma rugueuse paroi !

Mais sous ma patte avant, quels sont ces grognements ?
Deux gros rhinocéros s'affrontent durement !

Au-dessus de moi se trouvent mes trois frères.
Deux somnolent, un autre souffle sa colère !

Et là, devant nous, des aurochs en cavalcade !
On se croirait entraîné dans la bousculade !

Il y a bien des salles dans mon palais !
Figé sur mon mur, je ne peux les visiter…
Mais Noctulette
Partout volette
Et se charge ensuite de tout me raconter :

Le mégacéros et sa belle bosse,
Le gros bison et sa toison,
Ses multiples pattes qui se carapatent,
La panthère tachetée et sa longue queue effilée…
Peu à peu, par cœur je les connais !

L’homme et son feu disparus dans la nuit,
Je restais avec mes pensées émerveillées…
Que de découvertes en un seul jour !
(Mais qu’est donc le jour pour moi ?)

J’entends les hommes parlant au dehors…
Et je perçois de nombreux mots inconnus…

Ma curiosité est à l’affût :
Que sont la lune, le bleu du ciel, la mort ?

Du temps passa… De nouveau je suis réveillé !
Cette lumière… l'homme est de retour !
De son doigt, il dessine sur l'enduit
Argileux de la paroi.

Un petit hibou
Se dévoile dans la boue !
Tracé du doigt sur le mur ocré,
Apparaît un petit cheval nacré…

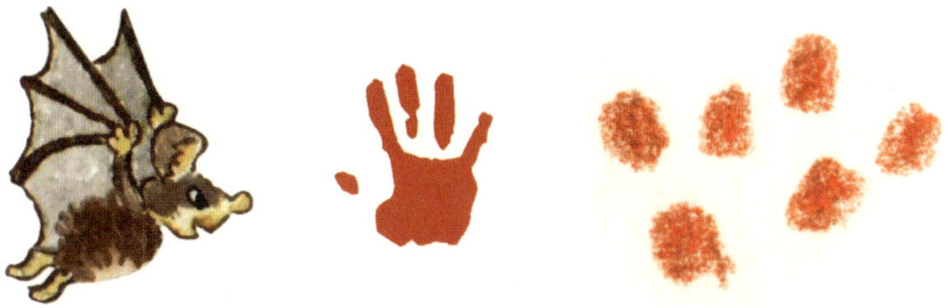

Et un jour, Noctulette put apercevoir
Une jeune et petite personne souffler
Un colorant rouge sur sa main en pochoir,
Laissant sur le mur son empreinte saupoudrée.

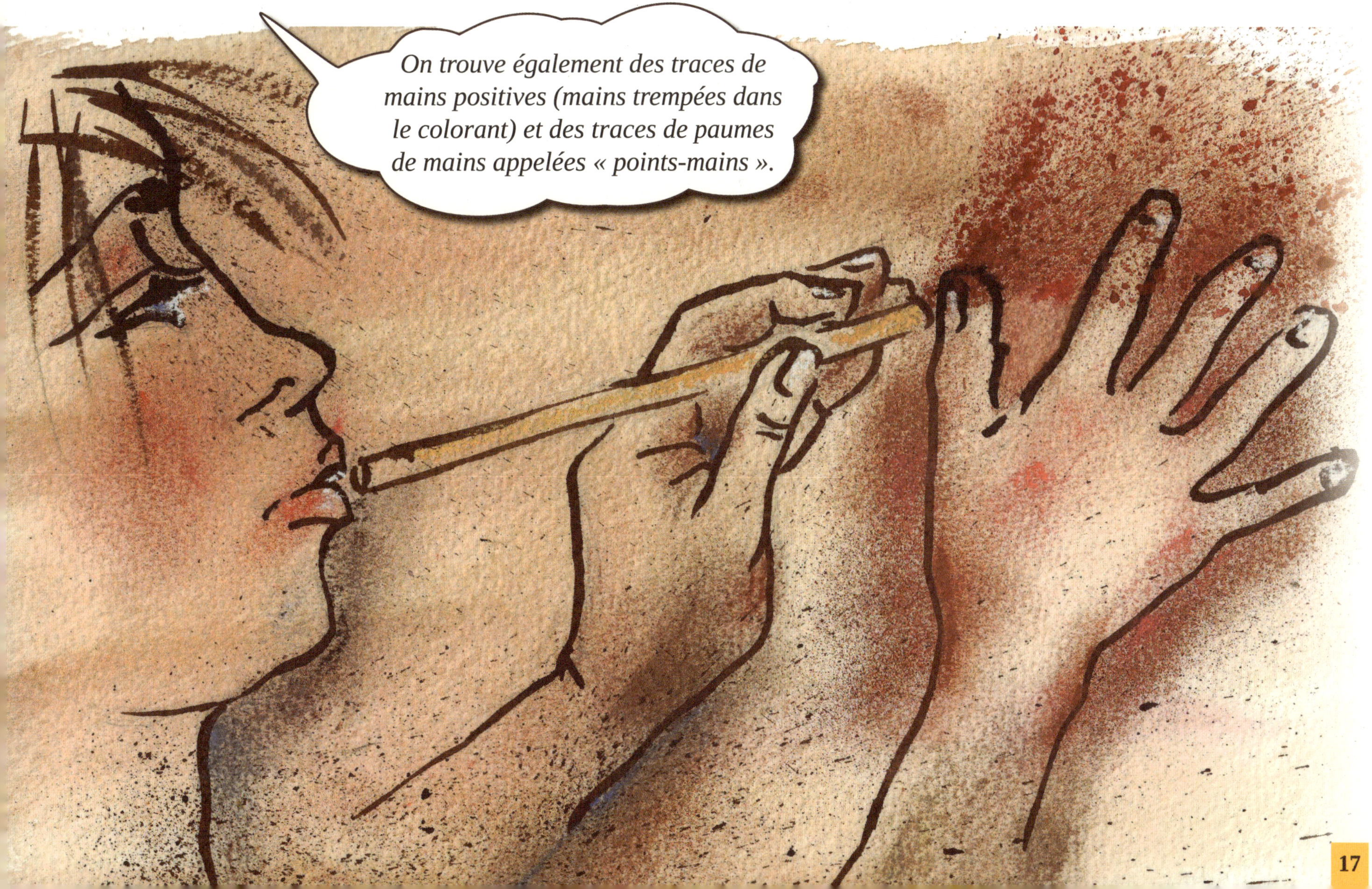

De nouveau, voici le silence, et l’obscurité…
Et pourtant, je me sens ici en sécurité.
J’apprivoise les bruits : voici les gouttelettes,
Et le frôlement de mon amie Noctulette.

Souvent, je songe à mon destin,
Aux hommes, et à tous leurs dessins…
Et j’observe, dans ma longue rêverie,
Que cette grotte ne fut pas lieu de vie.
Ni repas, ni sommeil, jeux ou discussions…
Uniquement respect et création…

Quelles émotions sont ainsi exprimées ?
Quelles inquiétudes les hommes veulent-ils chasser ?

Après un très long temps
(Mais que sont les jours pour moi ? …)
Voici tout à coup une présence furtive…

C'est un gracieux jeune enfant qui arrive !
Tout au fond, il descend,
Et il va, léger…
Aïe… Dans l'argile, je l'entends glisser !

Je me souviendrai toujours avec émoi
De ce regard si grave posé sur moi…

Je compris ce jour-là au fond de ses yeux
La parole des hommes sur le ciel si bleu…

L'enfant revint, dans cette grotte obscure,
Et d'autres hommes y cheminèrent.
Mais ceux-ci jamais ne dessinèrent ;
Par respect, ils admiraient, méditaient,

Mouchant leurs torches de feu sur les murs,
Pour raviver la lumière…

Le père posa une pierre,
Qui servira de marche pour l'enfant qui glissait.

Un jour,
(Mais que sont les jours pour moi ?)
Ce fut un loup gris qui s’aventura
À la recherche de quelque animal mort…

C’était du temps où les hommes n’étaient plus là…
Les loups vivaient à l’entrée, là-bas, dehors…

Les ours, ces gros patauds, furent mes compagnons
Bien souvent, passant l'hiver à l'abri,
Creusant leurs bauges, élevant leurs petits…
Pour certains, ce fut leur dernière demeure.

Et j'appris ainsi que l'on vit… et puis que l'on meurt.

Parfois, inquiet, je les voyais
Griffer les murs, provoquant des dégradations…
Et pourtant eux aussi y figuraient !

Un jour,
(mais que sont les jours pour moi ?)
Survint un événement considérable.
Ce fut le temps du Grand Effondrement !
Il avait plu pendant très très longtemps,
La grotte tintait de gouttes innombrables,
L'eau suintait, les animaux semblaient pleurer.

Brusquement,
Un bruit assourdissant
Nous saisit d'effroi !
Les deux rhinocéros cessèrent de lutter…

Un nuage de poussière se répandit
Jusqu'au plus profond de la grotte.
Le désarroi, à l'idée d'être tous enfermés, nous envahit.
L'effondrement avait bouché toute l'entrée !

Finies les visites des hommes et des ours lourdauds,
Seuls les petits animaux pouvaient pénétrer :
Les descendants de Noctulette et les mulots…

Ce fut l'époque du grand et long silence,
Avec seulement la musique des gouttes…
Je dus apprendre l'infinie patience.

Dans le noir du jour ou de la nuit, j'écoute
Les moindres bruits, grognements ou soupirs.

Et Noctulette sut si bien me décrire
La scène de la salle du fond
Que sans mal, je l'imaginais.
Des lions poursuivaient des bisons,
Et leurs regards les affolaient…

Un autre jour,
(Mais que sont les jours pour moi ?)
Ce fut de nouveau un très grand fracas,
Devant moi, un sombre gouffre s'était créé,
Brusquement, le dur plancher s'était effondré,
Tout là-bas, à l'aplomb du petit hibou.

Mais lui n'était pas effrayé. Après tout,
C'est un oiseau, ne craignant pas
De dominer le vide : enfin il volait,
Depuis cette paroi qui le figeait…

Un interminable temps passa encore…
Reverrai-je un jour des êtres vivants ?

Si je rêvais sur le monde du dehors,
Je mesurais aussi ma chance d’être né,
D’avoir rencontré les hommes, et l’enfant
Au regard si bleu qui m’avait illuminé…

Au moment où je ne m'y attendais plus,
Survinrent tout à coup d'étranges humains,
Portant une lumière sans chaleur au front,
Couverts non de peaux, mais de matière inconnue…

Très émus, ils n'osaient nous toucher de la main,
Marchaient sur le sol avec mille précautions…
Quelle joie, malgré leurs bizarreries,
De retrouver les hommes, leurs voix, leur présence !

Eux non plus ne dessinaient pas sur les parois,
Mais à l'aide d'un petit charbon de bois,
Ils griffonnaient sous mon regard ravi
Sur de petites feuilles sans couleur…

Fatigué d'être sage
Sur ma paroi,
Je poussais un hennissement,
Venant du fond des âges !

Et Noctulette,
D'une pirouette,
Partagea ma joie.

Nous redevenions vivants !

Peu à peu, le monde apprit notre existence,
Les humains d'aujourd'hui comprirent la valeur
De ces hommes d'autrefois, avec leurs mystères,
Leur art, leurs questions, leur spiritualité…

Nous, les animaux des parois, sommes très fiers
D'être les témoins de leur sensibilité,
De leurs pensées et de leur dignité…

Par notre présence, nous transmettons
Les voyages intérieurs des hommes anciens,
Leurs messages codés et leurs émotions…

Et les hommes d'aujourd'hui trouvent dans ce lien
Une étrange et troublante parenté…

POUR EN SAVOIR PLUS…

Mode de vie des hommes de la grotte

Physiquement, les hommes d'il y a 25 ou 35 000 ans nous ressemblaient. Ils se déplaçaient suivant les migrations des animaux.
Ils vivaient en groupe, sous abri, souvent à l'entrée des grottes, sous des tentes de peaux, à proximité d'une rivière. Ils étaient vêtus de peaux de bêtes cousues, savaient contrôler et utiliser le feu, fabriquaient des outils de pierre, d'os, d'ivoire, de bois ou d'andouillers (bois des cerfs). Ils chassaient et pêchaient pour se nourrir, et mangeaient aussi des baies sauvages, des racines, des graminées sauvages et des champignons.
Ils ne vivaient pas à l'intérieur des grottes ornées, ne dessinaient à cette époque que des animaux ou des signes, mais pas encore de silhouettes humaines.
Ils avaient des rites funéraires indiquant une interrogation sur la survie après la mort.

Animaux ayant transité dans la grotte

L'ours des cavernes principalement (taille : 3,50 m de haut !).
Le loup, le renard, le bouquetin, le chevreuil, le cheval.
Les oiseaux (chocard, aigle).
Les rongeurs (lérots, mulots, campagnols).
Quelques chauves-souris, quelques reptiles, quelques martres.

Animaux dessinés dans la grotte

Mammouth 

Aurochs 

Cheval 

Bison 

Ours 

Bœuf musqué 

Bouquetin 

Hibou 

Rhinocéros 

Renne 

Panthère 

Cerf 

Lion 

Mégacéros 

Echelle des temps

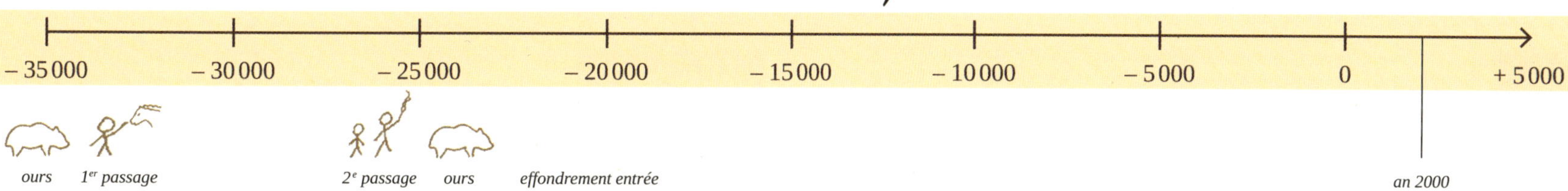

N° ISBN 978-2-9115-8452-7 – N° EAN 9782911584527

GALERIE DES CACTUS

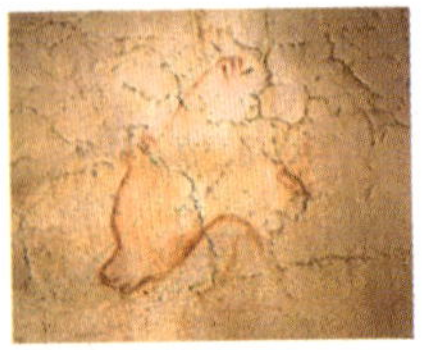

Ours des cavernes marchant à gauche : tracé rouge rehaussé à l'estompe. Remarquer le tracé des oreilles sur un plan oblique suggérant la perspective. L'épaulement est souligné de trois marques rouges tandis que le mufle d'un félin et la ligne de dos correspondante sont figurés à hauteur du garrot. Sous l'encolure, un tracé curviligne peut aussi bien correspondre à l'avant-train de l'ours qu'à la tête d'un troisième sujet. (L. approximative : 0,80 m).

PANNEAU DE LA PANTHÈRE *(détail)*

Au premier plan, pelage ponctué et tête de l'animal assimilé à une hyène. Au second plan figuration du félin au pelage tacheté : observer la queue caractéristique. (L. approximative : 1 m). Ces figurations s'inscrivent au sein d'un vaste panneau (3 x 3 m environ) comprenant, en outre, un ours, un bouquetin et d'autre tracés rouges.

PANNEAU DES MAINS NÉGATIVES

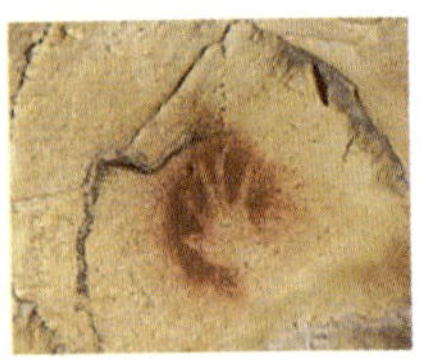

Contour au pochoir obtenu en pulvérisant les pigments sur une main plaquée à même la paroi (L. 0,10 m environ). Le profil noir est celui d'un mammouth marchant à gauche, dessiné après l'empreinte de la main (ligne de dos, frontal et trompe).

LAME DE CORROSION AU-DESSUS DU PUITS DE DISSOLUTION, SALLE HILLAIRE

Tracé digital figurant un hibou (H. 0,30 m env.) : les caractéristiques anatomiques de cet animal ,dont la tête est retournée à 180° sur la face antérieure identifiable grâce au figuré des ailes, permettent de l'identifier au Moyen Duc (Asio otus). Ce dessin a été réalisé sur une pellicule d'argile plastique aujourd'hui consolidée par des carbonates. Observer, au second plan, les marques d'un raclage préalable et intentionnel du support rocheux.

SALLE HILLAIRE, PANNEAU DES GRANDES GRAVURES

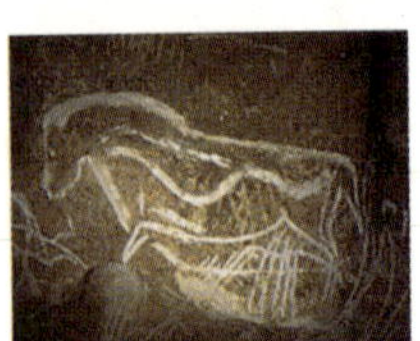

Tracé digital sur une pellicule d'argile plastique aujourd'hui carbonatée. Cheval marchant à gauche : les délinéations sur le corps peuvent souligner des plaques de mue affectant le pelage au printemps. À côté de l'arrière-train, on distingue la trompe et les défenses d'un mammouth. Les traits parallèles, sous l'abdomen, traduisent peut-être une symbolique résultant de l'imitation de griffades d'ours que ceux-ci réalisent en se dressant contre les parois, à la sortie du sommeil hivernal. (L. hors tout : env. 0,60 m).

PANNEAU DES CHEVAUX

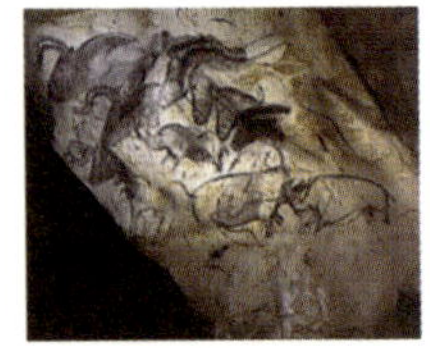

Cette vaste composition ouvre plus de 6 m² et s'inscrit dans une composition plus vaste atteignant environ 6 m de long. Un raclage, détruisant des tracés digitaux initiaux, est venu préparer la paroi sur laquelle ont été successivement installés : des aurochs à l'estompe, marchant à gauche, des rhinocéros estompés, et, enfin, deux rhinocéros au trait, face à face, datés de 31 000 ans par le carbone 14. Un petit bison complète l'ensemble, en bas, tandis que des mouchages de torche viennent ponctuer, 4000 ans plus tard, le thorax du rhinocéros de droite.

PANNEAU DES CHEVAUX *(détail. L. env. 1,10 m)*

Chevaux placés en parallèle et se superposant au tracé, antérieur, des aurochs dont ils reprennent la ligne de dos, en haut à droite et dont il subsiste une encornure derrière le deuxième individu. Remarquer la crinière surnuméraire venant accroître l'effet de nombre et renforcer le rendu de la perspective déjà souligné par la déformation curviligne progressive des têtes (« vision polaire »). Le modelé des ganaches est rendu à l'estompe tandis que le tracé des naseaux est finement détouré, par raclage, au détriment du dos d'un rhinocéros.

PANNEAU DES CHEVAUX, RETOUR SUD *(L. 1 m env.)*

Bison à droite, figuré en perspective tordue. Le rehaut à l'estompe de la tête et de la ligne de dos permet d'individualiser le toupet frontal. Observer le dédoublement de l'arrière-train et la multiplication des pattes postérieures et antérieures : sont ainsi rendus la dynamique de la course et la fausse perspective de deux animaux côte à côte.

GALERIE DES MÉGACÉROS

Cerf mégacéros montant à droite. (L. 0,80 m env.). Remarquer le raclage préalable de la paroi, partiellement aux dépens d'un tracé noir à l'avant de l'animal. Le dos, la gorge et le poitrail sont soulignés à l'estompe et une ligne oblique joint la bosse apophysaire à l'arrière-train de ce sujet femelle aux petits bois. À l'arrière gauche, en verticale, se développe le tracé très épuré d'un rhinocéros répondant aux caractères stylistiques de la grotte Chauvet.

PANNEAU DES LIONNES *(détail L. 2,50 m env.)*

À droite du dièdre où se développent les représentations de jeunes bisons vus de face, vue de la frise des lionnes. Ce panneau a fait l'objet de plusieurs reprises par raclage, de manière à bien dégager le mufle des félins qui est délimité par de fines gravures : remarquer le traitement des têtes à l'estompe et le larmier des yeux souligné par un trait peint. La dynamique de la troupe est évoquée par le mouvement de jeté des membres antérieurs et par la mise en perspective sur des plans parallèles.

IMPRIM'VERT® Imprimé sur papier certifié PEFC avec des encres végétales.

Achevé d'imprimer en Ardèche sur les presses des Impressions Modernes - 07500 Guilherand-Granges - Mars 2015 - Dépôt légal : 1er trimestre 2015